피지현

우는 시간

애지시선 066
우는 시간

2016년 11월 24일 초판 1쇄 발행
2017년 8월 15일 초판 2쇄 발행

지은이 피재현
펴낸이 윤영진
편 집 함순례
디자인 함광일 이경훈
홍 보 한천규
펴낸곳 도서출판 애지
등록 제 2005-5호
주소 34623 대전광역시 동구 대전로 867번길 46
전화 042 637 9942
팩스 042 635 9941
전자우편 ejiweb@hanmail.net

ⓒ피재현 2016
ISBN 978-89-92219-65-5   03810

* 저자와의 협의에 의해 인지를 생략합니다
* 이 책 내용의 전부 또는 일부를 재사용하려면 저자와 애지 양측의
  동의를 받아야 합니다

욷지시선 0 6 6

우는 시간

피재현 시집

시인의 말

사라진 것들을 기억한다.
그 기억이 나를 끌고 왔다.
사라지고 없는 바람, 냄새, 아우성
사라지고 없는 사람들의 투명한 손에 걸려 턱턱 넘어지며 상처투성이의 몸이 되어 노암마을에 스며들었다.
세 해째를 여기서 살고 있다.
피난 온 행색이지만 이건 내 생애, 작심하고 저지른 내 의지다.

여행에서 돌아와, 부스스한 머리를 하고 서 있는 나무를 의심하면서, 텃밭에 쪼그려 앉아 풀을 뽑으면서, 정원을 어슬렁거리는 길고양이를 보면서 새로 시가 써졌다.

세상에나! 내 속에 아직도 시가 살고 있었다니!

여전히 나는 슬프다.
그러나 흐르는 눈물을 참지 않고 울어버리는 것이 얼마나 인간적인지 알아버렸다.

나는 사라진다.
그러나 나는 지나온 어느 시점으로도 되돌아가길 원치 않는다.

낙타처럼 오래 걸어서 비가 오고 있다.

2016년 늦은 가을

피재현

차례

시인의 말 004

제1부 내 손은 언제나 따뜻합니다
꽃 진 자리에서 꽃을 기다리다 013
길고양이가 다녀갔어 014
기우祈雨 016
서어나무 그늘 아래 쉬다 017
간절곶 018
식목 020
내 손은 언제나 따뜻합니다 022
눈물 혹은 장마 024
장지葬地에서 026
우는 시간 028
내가 지상에서 029
신성新星 030
선홍빛 노을이 아직 지워지지 않은 저녁에 031
병산에서 4 032

제2부 민들레는 아직도 핀다

봄날 035

적벽에서 036

祭日 038

부고 040

민들레는 아직도 핀다 042

상춘賞春 1 043

상춘賞春 2 044

상춘賞春 3 045

바람 부는 날 046

산본역에서 047

사진 048

비오는 날 049

병산에서 1 050

병산에서 2 052

제3부 풍경 속에 나를 넣는다

봄밤 057
풍경 속에 나를 넣는다 058
저녁 무렵 060
결혼식 뷔페에서 062
병산에서 3 064
어머니의 밤 065
수술 1 066
수술 2 067
외출 068
외할아버지 070
자수 혹은 고백 072
한사코 074
새것은 크다 076
담배 078
일요일 079

제4부 여행에서 돌아와 나무를 의심하다

말복 083
여행에서 돌아와 나무를 의심하다 084
수중전 086
풀을 뽑다가 088
모과꽃 089
할머니들은 혼자 산다 090
치통 092
立冬 지나 감나무 093
눈물 094
새의 문안 096
쉬고 있는 기찻길 098
낮술 100
입동 101

해설 | 호병탁 103

제1부
내 손은 언제나 따뜻합니다

꽃 진 자리에서 꽃을 기다리다

꽃 진 자리에서 꽃을 기다리는 시간
슬픔이 아주 천천히 말라가는 시간
울컥! 할 수도 있겠으나 그냥 또
떨어진 꽃잎 세다보면 기어이는 잊을 수도 있을
허기가 슬픔을 이기는, 기차의 행선지가 궁금해지는
그런 순간은 언제나 슬픔이 끝난 시간에
조금은 아린 혀끝으로 오려니
꽃 진 자리에 돋아나는 초록의 할거에도
질기게 슬픔을 이긴 시간이 묻어 있으려니

길고양이가 다녀갔어

길고양이가 다녀갔어
길을 벗어나 아주 조심스럽게
정원에 발을 들이고 조심스럽게
나는 우울해서 멍하게 창밖을 보고
있었고
창밖을 걷던 길고양이는 잠시 멈춰 서서
무심한 듯 날 한번 바라보았지
안 봐도 그만이지만 '내 한번 봐준다'
그런 무심함
참 고마웠어
길고양이에게 위로받을 줄은
내 우울이 그렇게 가벼울 줄은
몰랐어
길고양이는 잠시 길을 벗어나
어둠이 기웃거리는 정원의
한적한 구석을 찾아왔던 것이겠지만
단지 그뿐이겠지만

참 고마웠어
길고양이가 다녀갔어
그제야 나도 일어나 저녁을 준비했어
하루 동안의 공복감이
창밖으로도 번져 나가
허기가 둥 둥 떠다니는 골목길로
길고양이가 걸어갔어

기우 祈雨

석양을 등진 나무들이 흰 뼈처럼 서서
더위를 견뎌 낸 여름 저녁
나도 나무처럼 목이 마르다
숲 속에서 더딘 바람이 나와
나에게로 오는 먼 길이 보였다
평원을 어슬렁거리는 기린의 무리처럼
하늘과 땅 사이에 긴 쉼표를 찍으며
나에게로 오는 먼 길
나는 바람의 목마를 타고 오는
비를 기다렸다
어떤 징조도 없이 땅 위에 내려서는
네발동물의 출생처럼 비는 올 것이다

서어나무 그늘 아래 쉬다

서어나무 그늘에서 쉬고 있을 때
서서 죽은 나무를 보았다
그늘을 만들지 못하는 여름
흔들리는 가지를 잃어버린 바람
고목도 아닌 한 나무가 저렇게
죽은 데에는 사연이 있겠다
나무도 자살을 한다는데 울창한 숲 속에서
저홀로 고독했을 지난 계절에
무슨 일이 있었을까
몸이 구렁이처럼 번들거리는 서어나무는
죽은 나무의 사연을 알고 있을까?
땀을 식히고 일어나 한참 동안 정상쪽으로
걸어갔는데 지나온 그 숲이 웅성거린다
자기들은 그 사연 알고 있다는 양
더욱 짙은 그늘을 만들고 있다

간절곶

하루 종일 비가 내렸다
비는, 낙타처럼 오래 걸어서 왔다
바다 속 물길은 따뜻하기도 하고
차갑기도 한, 슬프기도 하고
시끄럽기도 한 나의 조울躁鬱을 닮아
갈 곳을 정하지 못한 치어들이 모여들었다
비는 속속 직립의 보행을 멈추고
바다 속으로 뛰어들어
한 장엄을 이루었다
이윽고 치어들은 일제히
빗방울을 타고 올라 하늘로 갔다
더러는 저들끼리 징검다리가 되어 갔다
모래알처럼 빼곡한 슬픔이 바위를
시커멓게 물들이고 있었으나
비가 그치고 해가 떠올라
바다가 은빛으로 빛날 때까지도
치어 떼의 승천은 그치지 않았다

해 돋는 바다 저 너머가 온통 눈물로
출렁이는 것을 나도 울면서 바라보았다

식목

 나무를 캐 본 사람은 뿌리가 어떻게 땅을 붙잡고 있는지 안다 바람에 흔들리지 않기 위해 꽃을 피우기 위해 열매를 매달고 꿋꿋하게 서 있기 위해 먼 하늘을 쳐다보기 위해 또한 제 몸뚱아리를 살찌우기 위해 뿌리는 음지에서 음지를 지향한다
 뿌리는 나무다
 나무는 뿌리다
 최초의 씨앗이 움을 트고 한 줄기 가지가 땅을 뚫고 솟아나오면서부터 뿌리는 지구의 반대편으로 달리기 시작한다 작은 가지 하나에 뿌리 하나씩 자신이 피운 꽃을 보지도 못하면서 그저 먼 향기로 알아채면서
 느티나무는 느티의 뿌리를 가졌다 산뽕나무는 산뽕의 뿌리를 가졌다 참나무는 도토리의 뿌리를 가졌다
 나뭇가지가 허공의 자유를 향해 두 팔 뻗을 때 뿌리는 억압을 뚫고 생존을 쟁취한다 나뭇가지가 자유로운 새 한 마리를 품을 때 뿌리는 가문 땅의 물기를 빨아 연명한다
 나무 한 그루를 옮겨 심고 나는 오로지 뿌리를 위해 물

을 주고 뿌리를 위해 거름을 준다 내 눈에는 오래도록 내가 캐 낸 나무의 뿌리가 보인다

내 손은 언제나 따뜻합니다

오지 않는 당신을 기다리는 동안
푸른 별들이 내 손을 잡아 주었습니다

밤새 몸 뒤척이며 새벽을 기다렸다고 해서
그 새벽에도 이슬보다 먼저 일어나
퀭한 눈으로 동구를 서성였다고 해서
당신이 나에게로 와야 할 이유는 아닙니다
기다림은 언제나 처연한 봄날 같아서
눈이 이물도록 첩첩 눈앞의 산들이 많아지는
사막길을 걷는 것과 같아서
기다림은 당신이 아닌 나에게 주어진 시간
그 아침 하릴없이 비가 내리기 시작해
유난스레 긴 장마로 이어진다고 해도
나는 당신에게로 가는 길을 몰라 하냥 기다립니다
몽유의 길을 걸어 나에게로 오는 당신은
구름의 산맥을 넘어야 합니다
구름의 산맥을 넘기 위해서는 구름보다 더

가벼운 구름이 되어야 합니다
바람에도 떠밀리지 않는 무게 눈물 한 방울
남아있지 않은 슬픔이어야 합니다
하물며 사랑 따위 지니지 않은 채로
꿈길만 따라 와야 합니다

내 손은 언제나 따뜻합니다

눈물 혹은 장마

한 줌의 바람이 불어 왔다
장마 중이었다
한 뼘의 비가 바람 속에 들어 있다
다행히 장마 중이었다
눈물을 뚝 뚝 떼어
―마치 물이 끓고 있는 냄비 속으로
수제비 반죽을 떼어 던지듯이―
허공 중에 던졌다

이제 공복의 허기를 채우고
일 하러 가리라

차양으로 가려진 하늘을
힐끗 쳐다보는 순간
수제비처럼 생긴 새들이
수직상승하고 있다
날개의 더운 물기를 허공 중에

털어댔다

장마 중이었다

다행히 장마 중이었다

장지葬地에서

기다리는 내내
살아온 날들이 허망하여 나는
내 생애를 입체적으로 보기로 했다
그렇다 그것은
기다림은 어떤 예정된 것이었다
바람 속에 묻어 온 홀씨는
제 무게를 못 이겨 휩쓸리다 날리다
겨우 산비탈 돌 조각에 끼여
봄을 기다린다
나의 생애, 혹은 그 긴 바람의 여행이
잠시 머물러 있는 지금, 나는 일탈을 꿈꾼다
산 갈대 서걱대는 소리에 골을 타고 오던
바람은 제 길을 잃고 서성대다
슬그머니 꼬리를 감추고
떡갈나무, 곰솔나무, 늦도록 열매를 떨구지 못한
산돌배나무, 살 붉은 찔레, 노박덩쿨, 가막살나무
우두커니 제 자리에 서서

나의 생애, 살아온 날들의 나이테가 된다
언제 한번 저 바람처럼
소리 없이 휘날려 본 적 있는가
언제 한번 저 소나무처럼 뿌리를
가져 본 적 있는가

우는 시간

정오 무렵이나 오후 두 시 쯤이나
하여간 좀 덜 부끄러운 시간에
옛날에 우리 학교 다닐 때처럼
일제히 사이렌이 울리고
걸어가던 사람이, 아직 누워 있던 사람이
시간이 좀 걸리더라도
방공호 같은 데, 혹은 그늘 밑, 담장 밑,
다리 밑, 공중화장실 뒤
하여간 좀 덜 부끄러운 곳에
모여서 숨어서
법적으로 의무적으로
한 십 분쯤 우는 시간이 있었으면 좋겠다
그러고 나면 다시 걸어도
다시 누워도 오후 서너 시가 되어도
이 땅에서 어른으로 사는 게
좀 덜 부끄러워도 지는

내가 지상에서

때묻은 옷을 빨아 말리며
유월의 볕이란 참 대단한 정열을 가졌다고 생각했다
바람 한 점 도움 없이 천공의 물기를 빨아
뱉어내는 흡입의 힘이란
내가 지상에 살면서 때로 우체국이나
기상관측대의 옥상에 펄럭이는 깃발이 되고 싶어 했던 것은,
바람이 나를 연모해 시시각각으로 휘날려오기를
바랐던 마음일 뿐,
내가 애써 머금은 고독이며 자유며 기름때까지
빨려버리고 싶어서는 아니었던 것이다

사람은 때로 숫짐승만큼 고독해지고
사람은 때로 시궁창 연미나리처럼 순결해진다

신성新星

혼들릴 때마다 바람이 불었다
새 별 하나 불안하게 떨고 있다
사라진다는 것은 둘, 혹은 여럿으로
나뉘어진다는 것
나에게는 그런 행운이 없다
나는 다만 흔들릴 뿐
둘, 혹은 여럿으로 나뉘어지지 않는다

바람에는 별의 화근火根이 묻어 있다

선홍빛 노을이 아직 지워지지 않은 저녁에

하루가 하루루 저물었습니다
밀고 당기며 겨우 서산까지
해를 밀어 간 힘겨운
하루였습니다
하늘에는 아직 그와 나의 밀당이
선홍빛 족적으로 남아 있습니다
노을의 미련은 그의 것인지 나의
것인지 분간되지 않습니다
해를 밀어 낸 저녁
정작 나는 어둠이 싫습니다
나의 것이 아닌 저녁에 깃들어
긴 밤을 지나가는 것은, 뭐랄까요
그의 긴 생애를 나 혼자서 곱씹어야 하는
형벌입니다
마음 붙이고 살 수 있도록 저녁의 어둠을
저에게도 좀 나누어 주시면 안될까요?

병산에서 4

무릇 사는 일이란
모래 위에 찍힌 발자국처럼
때 되어 지는 해처럼
사라지거나 혹은 숨는 것
무릇 희망을 갖는 일이란
바람에 밀려 어쩔 수 없이
한 방향으로 줄지어 가더라도
어느 한순간, 바로
찰나의 순간
물 위에 안개가 피어나듯
숲에서 산 꿩이 날아오르듯
살아있음을 보여주는 것

제2부
민들레는 아직도 핀다

봄날

떠나간 사람들을 용서하는 시간
함께 가져 간 시간들을 염탐하는 중
뼈는 해체 중 온기를 머금었던 피부를
돌려받고 싶은 미련
버려두고 온 사람들이 눈에, 마음에,
울컥울컥 마른 눈물에 밟히는 시간
어쩔 줄 모르겠지만, 어찌고 싶지도 않지만
나도 너도 아른거리는 봄볕에 기억을
내다 말리는 시간

적벽에서

언젠가는 그대 한번 내 시 속에서 만나고 싶었네
깊고 푸른 물을 건너온 수고로움과 고단함을 쉰 뒤에
그대 만나 마주 서 보고 싶었네
겨룰 것이 있다면 그도 괜찮을 듯
긴 겨울의 배고픔이 끝나지 않았다면
겉보리 술이라도 한 잔 나누며 한동안 어색하게
조우해도, 그 사이 변덕스러운 봄바람이
적벽의 진달래를 흔들고 지나가도
흐르는 물에 손을 씻고 멀리 보며 물어보리
그대 건너온 강의 필로筆路를 따라 거슬러 간다면
거기 어디쯤에도 붉디붉은 꽃 한 송이 피어 있는지
어느 땐가 나는 그 산모퉁이에서
피지도 않은 홍매화 몽아리에 눈이 찔려
나락으로 회군한 일 있었거니
그대 그 길 다치지 않고 지나왔는지
수척한 얼굴에 눈길 한번 주고나면
내 마음 저 물결처럼 흔들릴 것 같아

그저 멀리 보며 가벼운 듯 물어나 보리
그대 오던 길, 마저 걸어가고 나면
나 홀로 남아 서성거리리
불순한 기운을 품고 오는 황사바람이
한바탕 비를 몰고 와 꽃잎 흩날릴 때를 기다려,
사나흘 섧게 울어보리

祭日

당신을 염殮하던 그날 같습니다
바람은 시익시익 한차례 불었다가 잠시 멈추고
다시 시익시익 한차례 더 불었습니다
그 다음은 좀 더 빠르고 거칠게
시이익 시익 지나갔습니다
실은 바람의 소리란 것이 바람의 것이 아니라
바람을 지켜보는 나무가 내는
호각소리란 것을 그날도 나는 알았습니다
나는 당신의 영혼이 바람을 따라 날아갈 수 있도록
관 뚜껑을 슬쩍 열어두고 왔습니다
나무의 호각소리를 듣고 바람이
가까이 왔다는 것을 알았습니다
이승을 떠난 많은 영혼들이 바람 속에 있겠지요
정성껏 해드린 삼베 수의를 입고 말입니다
오늘도 그날처럼 문을 조금 열어 두었지요
나무의 호각소리를 듣고 당신이 오신 줄 알았지요
두 개의 촛불이 조금의 시차를 두고

흔들리는 것을 보고 반갑게 인사를 드렸지요
잠시 바람이 멈추어 서서 당신의
늦은 식사를 기다려주겠지요

당신은 이제 어디로 가십니까?

부고

문상 가서 허기를 용서하는데
오래 걸렸다
고인이 된 사람을 만나고
상주를 위로하는 일이
참 고단한 일이구나
이만한 허기를 느끼게 하다니
그 밥 맛있게 먹는 나를 용서하는데
좀 더 오래 걸렸다
허기와 슬픔이 서로를 먹어 치우며
슬픔도 줄이고 허기도 줄이는구나
주검 눕혀놓고 돌아앉은 밥상이
맛있어도 되다니

삶은, 잦은 죽음과 직면하며 누구라도
죽음에 줄 서는 일
이 죽음에서 저 죽음으로 길을 내며
나의 부고를 전하러 가는

먼 길
가까운 길

민들레는 아직도 핀다

칠월 중복 아침 마당에
민들레 한 송이 앉아 있다
뿌리를 두고 갔으니 꽃이 그리웠던 것이다
너무 그리워서 다시 온 것이다
삼복더위에 아침부터 노랗게 질렸지만
어쩌면 아직 밤 새워도 못다 한 이야기 중이리라
잠시 보러 왔을 뿐 오래 머물지는 않을 것이다
그래서 꽃 대궁도 키우지 않고
누운 듯 앉은 듯 엉거주춤 피어있는 것이다
봄이 가고 여름이 와도
그리움은 그리 쉽게 지지 않는 것이다
언제라도 간절할 때 다시 피는 것이다

상춘賞春 1

기다리고 있다
바람이 꽃처럼 흔들린다 꽃은 바람처럼
부풀어 오른다 오후
밀려 서 있던 차들이 등 떠밀리듯 내려가는
계산동 비탈 낮은 이층집 다방
경계를 부수고 오는 당신을 나는
애타게 기다리고 있다
꽃잎을 마셔도 풀리지 않을 갈증
비틀거리며 당신이 온다면
한순간 당신을 몰라볼 수도
있겠다
꽃처럼 바람처럼 흔들린다
당신도 그럴 것이다

상춘賞春 2

봄이 왔다고 생각하면 늘 한 번쯤 추위가 있었다
나의 성급한 생각을 나무라기라도 하듯이,
꽃도 쉬엄쉬엄 피어야, 나무도 쉬엄쉬엄
제 가지 뻗을 하늘을 골라야, 그래야 탈이 없다는 듯
봄옷을 입고 나와 오늘처럼 호된 눈보라를 맞는 날에는
은근히 더 안달을 내며 봄을 기다려보지만
복수초 다녀갔으니 꽃의 날들이 그리 멀지는 않다

한 박자 쉬어가자!

오늘 내린 눈님께서 내 귓가를 지나실 때쯤,
한마디 하신다
그렇게 들었다
너도 나도 한 박자 쉬어가자!

상춘賞春 3

꽃향기가 나는 것은
꽃이 피어서가 아니라
꽃이 지지 않으려고 안간힘을 쓰기
때문이다
바람이 불면 향기가 더 진해지는 것은
가늘고 긴 꽃대 위에서
여린 꽃잎이 멀미를 하기 때문이다

누군가의 등짝에서 진한 꽃향기가
나는 것은
그 사람이 지금 막 고단한 삶의 한 편린을
주워들었기 때문이다

바람 부는 날

바람이 부는 것은
뿌리를 탈출하고 싶은 나무의 욕망이다
지향 없이 간단없이 흔들리다가
뿌리째 뽑혀 날아가 버리고 싶은,
밤새 이겨내지 못한 나무의 욕정이다

산본역에서

비둘기가 사람처럼 플랫폼을 걸어 다니는
지하철 산본역에서
사당으로 가려던 나는 잠시 비둘기가 되어
시멘트 바닥을 내려다본다
허술한 천장을 올려다본다
열차가 들어오고 신앙심 깊은 한 여인이
신약성서를 접고 일어서는 순간
고린도전서 한 쪽의 깨알 같은
글자들이 바닥으로 쏟아진다
비둘기와 나는 나란히 자음과
모음이 뒤섞여 읽혀지지 않는
글자들을 알뜰히도 주워 먹었다

주님께서 우리를 긍휼히 여기셔서
오늘 하루 일용할 양식을 주셨으니

사진

빛이 부족하면 좀 더 오래
눈뜨고 있어야 한다
눈꺼풀이 행여 깜박거리기 전에
당신의 그림자라도 찾아내야 한다
오래 눈뜨지 못한다면 한꺼번에
눈부신 빛을 쏟아부어야 한다
그 빛이 다 스미기 전에
눈 감기 전에, 도망간 당신의
길모퉁이라도 찾아야 한다
빛과 시간 사이에 당신이 있고
시간과 빛 사이에 내가 당신을 찾고 있다
우리는 못 만날 수도 있다

비오는 날

우리는 모두 못생긴 다리 하나 가지고 있습니다
나이 먹어 가면서 좌골 어디쯤 저려오는
통증 하나 가지고 있습니다
비가 옵니다
저 미루나무 꼭대기에서부터
아래로 아래로
저 자작나무 빛나는 은빛 비늘을
한 꺼풀씩 뚫고 안으로 안으로
비가 옵니다
우리는 누구나 한 번쯤
비를 막아내지 못하는 어설픈 나무 아래서
슬픔에 젖어보는 여름밤이 있습니다
궂은 날씨를 탓하며 저린 다리를
가만히 두드려보는 그런 저녁이 있습니다

병산에서 1

물의 흐름이라는 것이 깊으나 얕으나
참 유장하기도 하지요
새의 비상이라는 것은 높건 낮건
참 쓸쓸하지요
여기 병산에는 지금 막 해가 지고
달이 가까스로 산을 넘어 왔어요
민박집 옹기굴뚝 연기가
저도 모르는 사이 담을 넘듯 말이죠
시간이 되었으니 돌아가야겠지요
강을 거슬러
모래톱처럼 쌓이는 슬픔 따위는
새의 안중에는 없을 테니까요
눈 밝은 사금파리는
달빛에서도 빛이 나는가 봐요
새가 떨어트린 눈물처럼 빛나다가
서둘러 눈가를 훔치네요
모래 속에 눈물 한 방울 숨겨 두고

흐르는 물소리에 긴 사연 섞어 두고
돌아가야겠지요 시간이 되었으니

병산에서 2

참으로 힘든 겨울이 지나가고 있습니다
한 사람을 섬겨 받는 고통이라는 것이
이처럼 내리내리 가슴을 긁어놓을 줄은
참으로 몰랐습니다 사람들은 많이
떠났습니다 물을 건너 돌아온 이도 있으나
더 많이 등지고 갔습니다 원수가 되어 갔으니
쉽게 오지도 않을 것 같습니다 어떤 겨울에는
철모르는 들꽃이 불쑥불쑥 고개를 치밀고 나왔다가
된서리를 맞기도 하지만 이번 겨울은
그런 일도 아예 없습니다 바람도 강물도
못 믿기는 마찬가지라 서로 몸 기대지 못하고
따로 따로 불고 흐르고 흐르고 불고
지쳐 내내 잠잠합니다
돌아가야겠습니다
해지면 강변에 나가 혼자 울 것 같아
강을 거슬러 바람을 거슬러 경지정리가 한창인
풍천 들을 빠져나갑니다

병산은 어디에도 없습니다

제3부
풍경 속에 나를 넣는다

봄밤

 잠깐만 설레어보아요 아버지 뭐 어때요 엄마도 없는데 연분홍 꽃등이 켜진 밤이잖아요 따뜻해 보아요 보드라워 보아요 안하던 짓 한번 해 보아요 아버지 뭐 어때요 보는 사람도 없는데 설렘은 바람도 아직 알아채지 못한 두려움 그러면 어때요 사창가를 서성이던 입대 전날처럼 중절모를 처음 쓰던 거울 앞에서처럼 남들 따위 의식하지 말아요 슬픔을 위장했던 날들 상처로 상처를 밀어내던 세월들 굽은 경추를 어루만지던 이태리타올처럼 복장 무너지던 숱한 추수처럼 내던지고 싶었던 시간이 다 지나갔잖아요
 아주 잠깐만 설레어보아요 연분홍 꽃등이 켜진 밤이잖아요 아버지 이웃이 잠든 밤이잖아요 슬쩍 웃어도 좋은 밤이잖아요 뭐 어때요 아버지

풍경 속에 나를 넣는다

허청허청 문상 다녀오셔서
큰 마루에 대자로 누우시던 조부님
양은 주전자 들고 불알도 덜 영근 내가
밭둑길 걸어 퍼 나르던 조부님 막걸리
연고도 없는 저승에서는 누가
나 대신 술심부름 할까

옛 풍경 속에 나를 넣는다
몇몇 우화들을 함께 넣는다

세월이 흐른다는 것은, 이를테면
잊어버린 것들에 대한 안부를 묻는 것
잃어버린 것들에 대한 소유권을 주장하는 일
이를테면,
십수 년 만에 돌아 온 큰누나의 분 냄새
같은 것, 낯선 사내에게 '매형'이라고
처음 불러보던 이상한 기표記表

한 번도 주인공인 적 없었던 풍경 속에서
나를 빼내 온다
내가 없는 풍경 속에서
도화桃花 진다 할아버지 돌아가신다

저녁 무렵

 어매는 실경에서 오랫동안 잊혀진 채 이승에서 마지막인 양 몸 보시 중이던 북어 한 마리를 용케 찾아서 정짓문 문지방에 탁탁 쳐대며 득달 같은 구더기를 털어 내는 중이었다
 증조모 제사 올리고 남은 돔배기에 몇 곱절로 무 썰어 넣고 고깃국 올린 후로는 실로 오랜만에 아바님 밥상에 북어 국물이라도 올리게 되었으니, 감읍할 저녁 무렵이었다

 할배는 모처럼 장맛비 그친 칠월 초 이렛날 파장으로 치닫는 운산장까지 그예 오릿길을 걸어 가 꼬깃꼬깃 대님 속 쌈짓돈 꺼내주고 간고등어 한 손 사들고 돌고개 넘어 돌아오시는 중이었다
 딸 넷 끝에 얻은 손자 홍역으로 잃고 나락 등겨 같은 며느리 얼굴 볼 면목 없었더니, 오늘은 간고등어 한 손 정짓문으로 들이 밀고 체면 좀 할 양이었다

나는 어매 뱃 속에서 뜻하지 않은 포식을 기다리며 꼬루룩 꼬루룩 배를 곯고 있는,

용머리 산에 골고루 노을이 스며드는 저녁 무렵이었다

결혼식 뷔페에서

어매는
마을 잔치 가는 날
옷은 대충 입고 나서도
가방은 꼭 들고 갔다
잔치에서 돌아오면 가방을 열고
검은 비닐봉지에 든 음식을 꺼내
누이들 몰래 나에게만 주곤 했다

할매는 하얀 모시수건에
떡을 싸오시곤 했는데
어떤 날은 오는 길이 멀어
떡이 곤죽이 되어있곤 했다

나는 식구들이 물어다주는 떡이며
음식을 받아먹고 살아왔는데
저 맛있는 양과자 몇 개 싸들고 나설
간장이 안된다

잠깐의 비굴함으로 식구들 밥 벌어 먹일
간장이 안된다

병산에서 3

누이는 제 삶이 서러운 게다
그 깊은 밤 누구 하나 술주정 받아 줄
사람이 없는 게다
그래서
여기 병산 아래 흐르는 물처럼
딱 하루만이라도 이 생을 비껴 서 있고 싶은 나에게
전화를 한 게다
막막적적 · 寂寂漠漠
만대루* 난간에서 눈을 다친다

* 만대루 : 병산서원의 樓

어머니의 밤

이월 초하루 정한 마음으로 물 떠놓고 들어오신다
어머니의 밤은 곤하다
언제였던가, 삶이 켜켜이 주름으로 뭉쳐져 와서는
신경통으로 관절염으로 어머니를 무너뜨리고 주저앉혀
문 열고 나가기가 죽기보다 더 겁난다는
경칩을 기다리다 눈에 드는 논배미 산수유 꽃망울이
복수초 밀어내며 봄으로 가고 있다
동구는 멀리 북두칠성을 향해 있고 어머니는 그 별을 쳐다보며
제일 먼저 나의 안녕을 빌고 또 빌었으리라
담배 한 대 빼어 문다 아뜩해진다 밤기운은 아직 차고
어둠에 묻혀 정화수 그릇 먼 데 별인 양 흔들린다
눈앞이 막막하다 방문 열고 들어가 어머니 옆에 눕기가 겁이 난다

수술 1

무릎 연골 갈아 끼운다 하시기에
밭고랑 쪼그리고 앉아 삼켰을 설움도 다
빼내시라 했다
녹내장 수술하러 가신다 하기에
못 볼 것 안 볼 것 보고 사신 기억까지 다
걷어내시라 했다
아버지는 레이저로 굽은 허리 곧추세우시고
어머니는 비싼 임플란트 엄두도 못 내
틀니를 해서는 한 입 가득 물고
인조인간이 되어 두 분 나른한 봄날
영이 철이 크로스!
나란히 누워 식곤한 잠 주무신다

수술 2

칠십 여덟 인조인간 우리 어머니가
보수에 들어갔다
겨울 내내 말썽이던
오른쪽 무릎을
최신형 연골세트로 교체하는 중이시다
어머니는 그예 꿈꾸시던
건담로보트가 되시려나
지구를 위기로부터 구해내시려나

외출

아내는 선지를 못 먹었다
멍게도 못 먹었다
살아 있는 것들에 대한 경외인지
단순 심약한 비위 탓인지
몰랐지만
이미 애인이었던 아내를 탓할 일은
아니어서
나는 아내의 식성에 따라 쫄면을 먹었다

어제 저녁 양말 사러 나가서
내가 물었다
"뭐 먹을까?"
"아무거나"

아무거나 잘 먹게 된 아내는
나를 만나 잘 산 걸까
못 산 걸까

생각하다가 생각해보니
큰애 나이가 스물다섯이다

백열등 하나 둘 꺼져가는
떡볶이 골목 수레 앞에 나란히 서서
간 허파 숭숭 썰어 끼니를 때운다

"쫄면 한 그릇 더 할까?"
아내는 양도 늘었다

외할아버지

내 어릴 적 여름이고 겨울이고
방학만 하면 찾아가는 곳 있었지요
금릉군 감문면 월곡리
나의 외할아버지 윤자 중자 석자 어른은
여름에는 막걸리에 겨울에는 소주에
질편한 무밥을 말아 잡수며
내 숟가락 위에는 꼭꼭 눌러 꽁치 속살을
올려 주셨지요
방학이 끝나고 돌아온 집에는
안동군 일직면 운산리 나의 집에는
지들끼리도 엉겨붙지 못하는 보리밥이
양재기 가득 기다리고 있었지요
극장 간판에 엄앵란이며 배삼룡을
쏙 빼닮게 그려 넣던 외할아버지는
풍을 맞아 한 5년 앓고 나시더니
외할머니 손에 순한 소처럼 이끌려
우리 집에 오셔서

꽁보리밥 한 그릇 맛있게 잡숫고 가셨지요
우시장에 팔려 가는 소처럼
슬픈 눈을 껌벅이며 가셨지요

자수 혹은 고백

할머니 돌아가신 날 할머니의
쌈지를 훔쳤다

할머니는 가끔 그 쌈지를 열어
나에게 용돈을 주셨다
고쟁이 속에 손을 넣어 쌈지를 꺼내면
퇴계선생 하얀 심의深衣 차림으로
오솔길 걸어 나왔지만
주머니 속에는 세종대왕 우글거릴 것 같았던
매혹적인 주머니

두근거리는 가슴 닫아걸고
뒤안 정짓문 아래 쪼그려 앉아
열어 본 주머니에는
부적 한 장, 호박단추 둘,
내 중학교 교복에 붙었던 명찰 하나
들어 있었다

세종대왕은 어디로 몽진蒙塵 가시고 없고
퇴계선생 낯익다는 듯 내 행실을 꾸짖었다

그날 나는 할머니와 사별이 슬펐던지
앙꼬 없는 찐빵을 가른 것 같은 서운함 때문인지
엉엉 서럽게 많이도 울었다

그런 나를 보고 문상 온 사람들은
참 대견한 손주라고 그랬다

제사 때마다 엎드려 30년을 빌었으니
이제 할머니도 나를 용서하셨을 듯
해서 하는 말이다

한사코

어매가 찔러 넣어주는 만 원짜리 두 장을
고모는 한사코 받지 않았다
몇 년에 한번 바람처럼 다녀가시는 길
그 길로 고모는 바람에 넘어져 이승을 떠나고
아배와 나서는 조문 길에
어매는 한사코 집을 지켰다
늙어서일까?
어매는 고모의 얼굴에서 돌아가신 할매를
본다고 했다
열여덟에 지지리도 가난한 집에 시집 와
살아준 것만도 고마울만 한데
그리 고집스럽게 시집살이 시키던
시어미 얼굴이 보여
고모가 싫다고 했다
고모마저 세상을 뜨고 어매는 손을 떨었다
나이 칠십 셋에 아배가 싫다고 혼자 살고 싶다고
가방 하나 들고 딸네 집을 전전 서울로 부산으로

흘러 다닌다

어매 모시고 병원 가면 어매는 아무 데서나 쪼그려 누워 잠을 잔다

입원은 한사코 싫으시다 집도 한사코 싫으시다 저리 바람처럼 떠돌아 다닌다

새것은 크다

어릴 적 내 옷은 두부공장 아재가
입던 것이거나
5일장에서 어매가 큰맘 먹고
산 것이었는데
새로 산 옷은 내가 입기에 늘 컸다
어매가 정말로 큰맘을 먹고
사서 그런지는 몰라도
옷도 신발도 새로 산 것은
내 몸에는 큰 것이었다
넌 곧 클 거니까, 내년되면 딱 맞겠다
옷도 신발도 좀 크게
입어야 자꾸자꾸 크는 거다
옷이 나를 키워 어른도 되고
신발이 나를 키워 아들도 낳았다
이놈아 큰 옷을 사야 자꾸 크는 거야
어매 흉내를 내보지만
아들은 인터넷쇼핑몰에서 자꾸만 작은

옷을 사들이고
아이들 키가 크지 않는 것이 그걸 내버려 둔
내 탓만 같아 맘 쓰이는

나에게도 아직 큰 옷이 필요한데
헐렁한 운동화 한 켤레 필요한데

담배

가난한 식사를 마치면
아버지도 나도 슬그머니 일어나
밖으로 나온다
아버지는 닭장 옆에서
닭들의 동태를 살피는 양 서성거리고
나는 뒤란 감나무 아래 웅크리고
빈 가지들 사이로 하늘을 본다

서로의 영역을 침범하지 않는 포유류처럼
제자리를 맴도는 해질 무렵

일요일

 시를 쓰면서 나무와 풀과 꽃들의 이름을 잘 모르는 것이 부끄러운 적이 있었습니다 멋있는 나무 이름과 처음 듣는 풀 이름이 나오는 시는 괜스레 좋았습니다 그래서 식물도감을 펴 놓고 한꺼번에 열 개쯤 나무와 풀 이름이 들어가는 시를 쓰기도 했습니다

 오늘 성당에서 주일미사를 보고 나오면서 한 사람과 눈인사를 했습니다 너무 착한 사람, 너무 좋은 사람, 그래서 어떤 꽃보다도 아름다운 그 사람 이름이 세월의 저편에서 퍼뜩 떠오르지 않았습니다 반갑게 이름 불러주지 못한 것이 참 부끄럽고 미안했습니다

제4부
여행에서 돌아와 나무를 의심하다

말복

사람들이 나만 미워하는 것 같은
기분이 우울을 한층 북돋우던
어느 해 말복날
밥집에서 만난 지인이 내주는
밥값에 그만 가슴 뭉클해졌던 적 있다
참 잘 살았구나 마주 앉지 않고도 선뜻
밥값을 내주는 사람이 있구나
작은 위로가 큰 슬픔을 밀어내고
한동안 나는 나를 미워하지 않았다
이후로 식당에서 만나는 사람들
밥값 내주는 일이 한 가지 재미였다
오늘은 보리밥집에서
고등학교 때 나를 개 패듯 팼던 선생이
먼 자리에서 밥 먹고 있길래
눈 질끈 감고 밥값 내주고 왔다
그의 슬픔을 다 안다는 듯
진작에 그가 맞닥뜨렸을 회개를 다 안다는 듯

여행에서 돌아와 나무를 의심하다

내가 없는 사이 저 나무는 누워있었던 게
틀림없다
전에 없이 부스스한 머리며 저 봐라
낯짝에 아직 지워지지 않은 베개 자국

내가 옛 이베리아 반도를 어슬렁거리며
도무지 못마땅한 탐욕과 폭력의
유적들을 구경하고 다니는 사이

저 나무는 윗마을 외하리에 다녀온 것이
틀림없다
조부 손에 맡겨진 서울내기 같은
고 계집애 틀림없다
슬쩍 이는 바람에도 머리채 뒤집으며
흰 분냄새 풍기던 은사시나무랑
통정했던 게 틀림없다

얼굴이 노래지도록 마지막 두어 덩어리
악착같이 붙들고 있는 모과나무도
그렇게 금슬 좋던 자귀나무 솜이불이
홑이불이 되도록 말라가는 데도
눈 질끈 감고 뒤도 안 돌아보고
밤이슬을 맞고 다닌 저 놈 당단풍나무
저 봐라 저 봐라
저 혼자 혈색 홍홍한 거 좀 봐라

수중전

종묘의 나무를 보러 가는 길이었다
숲 속 빈 의자에 양반다리를 하고 앉아
나무의 벗은 몸을 보고 싶었던
십이월의 오후였다
때 아닌 겨울비가 제법
진득하게 내리기 시작하자
소나기에 논둑 터지듯
노인들이 몰려 나왔다
나는 연어처럼 터진 물꼬를 거슬러
공원으로 들어섰다
한 구석 돌바닥에 마주 쪼그려 앉은
두 어른이 비 따위 아랑곳 않는
청춘인 양 흐트러짐 없다
가까이 가서 보니 대국 중
접이식 장기판 하나 사이에 두고
요지부동 장군이다
병졸과 장군이 평등하게

비를 맞고 있는 전장,

차포가 쳐 놓은 팽팽한 긴장,

둘러섰던 구경꾼들 다 빠져나가고

빗줄기도 점점 굵어지는데

꿋꿋하게 멍군이다

이제 패 따위 상관없다

수 따위 쓸데없다

먼저 일어나는 놈이 지는 거다!

항우와 유방의 때 아닌

수중전에 끼어

진퇴양난 비를 맞는다

풀을 뽑다가

다만 이름 모르는 것에 대하여
고개 들지 않는다
누천년을 이어 온 연좌제
짓지 않은 죄에 대한
형刑의 집행
피해와 가해의 경계는 골 타기로
판정났다
출생을 지켜 본 자로서의
번뇌가 나에게도 있다
연민이라 하기에는 처음부터
단단했던 살의殺意
다만 축문으로 읽어 줄 성명 하나
모르는 것에 대하여
고개 들지 않는다
자두나무 아래 정하게 눕힌다
풍장風葬이다

모과꽃

연분홍 미니스커트다
보일 듯 말 듯 낭창거리지만
봄바람에 쉽게 뒤집어지지 않는
제일모직 혼방 원단이다
삼미그룹 셋째 딸같이
그 딸이 이대 나온 것 같이
아직 춘몽 중이지만 앗쌀하게 부도내고
못생겨도 실한 남정네 하나
붙들 줄 아는 알뜰한 당신이다

할머니들은 혼자 산다

할머니들은 혼자 산다
처음부터 혼자였다는 듯 자연스럽다
이제 처음이라는 듯 유모차를 밀고 다닌다
구안와사가 와서 이쁜 얼굴이 구겨져도 혼자다
양대콩 한마당 널려있어도 혼자서 다 깐다
혼자인 할머니들이 동회관에 모여 놀다가
유모차를 밀고 집으로 돌아간다
네 명이 나서서 세 명이 되고 두 명이 되고
혼자 남은 한 명이 마저 사라질 때까지
서두르지 않고 똑 같은 보폭으로 걸어 간다
처음인 양 아장아장 걸어 간다
밥 해먹일 영감 있는 할머니는 먼저 가고
혼자 사는 네 명은 서두를 일이 없다
그 와중에도 치매 걸린 한 할머니는
온종일 동네 쑥 뜯으며 혼자 논다

보다 못한 해가 먼저 꼴까닥 산 넘어 간다

해도 저 혼자 간다

치통

치통을 참다가
이빨 지긋이 깨물고 하늘을 본다
꿈은 원래 저처럼 높이 있었다
비록 지금 치통 따위에 흔들리지만
나는 원래 그리 약한 놈이 아니었다
마누라도 그때는
내가 뭐라도 될 줄 알았단다
허투르지 않은 마누라 눈에 그리 보였다면
나는 제법 야무졌던 것이다
나는 무엇에 홀려 긴긴 여름을 살았나
이빨이 아파 찔끔 눈물이 난다

立冬 지나 감나무

기억하는 건 감꽃
홍시가 아니라네
내 배꼽처럼 새로 태어난 감꽃이라네
기억하는 건 감꽃
감잎이 아니라네
버린 순결처럼 떨어져 쌓이던 감꽃이라네
나는 이제 빈 나무를 보고 있네
잎도 열매도 꽃도 없는 빈 감나무를
뚫어지게 좀 더 보려 하네
거긴 감꽃이 있었지
거기에는 하얀 감꽃이 피어 있었지
꽃자리마다 멍이 들어
시퍼런 기억들이
발 아래 툭 툭 떨어지네

눈물

새는 어쩌면 우는 것이 아니라
떠나온 먼 별에게로 안부를 보내는
것일지도 모른다
개는 어쩌면 짖는 것이 아니라
아직 산을 버리지 못한 제 동족에게
용서를 구하는 것인지도 모른다

울면서 태어난 인간은
살아가면서 그것이 비겁인 줄 알고
울음을 참는 법을 배웠다
사실은 울어야 할 때 울지 않고
애써 고개 돌려 눈물을 감추는 것만큼
비겁한 일도 없을텐데
눈물은 제 때 흘러야 하는 강 같은 것인데
애써 가두어두면 기어이 터지고야 말
논둑 같은 것인데

바람 시원한 여름밤에
은하수 일렁거리는 하늘을 보다가
눈물 둑 툭 터진다
배에 갇혀 죽은 아이들이 아직도
캄캄한 바다를 건너고 있는 것만 같아
그 살육의 현장을 애써 모른 척한
어른인 내가 두고두고 부끄러워

새의 문안

하루는 작은 내 뜰에 새들이 들앉아 놀다 갔습니다
내가 댓돌에 나앉는 것을 보고 온 것인지
저들끼리의 소풍인지는 알 길 없었지만
나 있는 동안에는 멀리 날아가지 않고
포롱포롱 허공을 짧게 차며 이 나무 저 나무 옮겨 앉아
아픈 내 손이 좀 나았는지 몹시 궁금해하는 눈치였습니다
때마침 식전食前이라 내가 먹던 빵을 잘게 부수어
그들의 길목에 뿌려 주었지만
그 때문은 아니라고 했습니다
빵 부스러기라도 던지는 걸 보니 그만하기 다행이라고
그만하면 됐다고 저들끼리 수근거렸습니다
그리고는 곧장 추수가 한창인 들판으로 날아갔습니다
좀 더 있다가 가라고 붙잡았지만
푹 쉬는 게 대수라고 얼굴 봤으니 그만 됐다고
포롱 포로롱 허공을 차고 날아갔습니다
나는 또 그만 적적해져서 하릴없이 마당을 돌며

뭐라도 좀 먹고 갔나 나뭇가지들을 둘러 보았습니다
내년 봄에는 새들이 좋아하는 작살나무나 산딸나무를
좀 심어도 좋겠다 생각했습니다

쉬고 있는 기찻길

문경 가은에 가면
이십 년째 쉬고 있는 기찻길이 있다
날이 밝아도 느긋하게 뜬눈으로
누워서 발구락을 꼼지락거리다가
대야산 쪽으로부터 밤 동안
산에 내려와 잠들었던
구름들이 일어나 주섬주섬 옷을 입고
하늘로 돌아가면,
그제야 일어나 망초꽃을 가꾸고
호박덩이의 수를 세어 보는 기찻길
마을과 마을을 가르고
강물을 가로질러 달렸을 기차는
부모 품을 떠나는 장성한 아이들 따라
어디론가 떠나고 없고
콧구멍만 한 가은 역사驛숍에는 동네 사람들이
고추를 말리고 있다
언젠가 봉암사 스님들이 기차에서 내려

단체로 들었다는 짜장면 집도 없고
돼지고기를 빼고 짜장을 볶았다가
스님들 따가운 눈총을 받았다는 주방장은
촌로가 되어 졸고 있다
벌겋게 녹이 슨 기찻길은
가을볕이 사과에 색깔을 입히는 동안
양지를 찾아 온 암고양이를 끼고
또 한숨 낮잠에 드는 것이다

낮술

낮술 한 잔 하다가
밖에 나가 서 본다
낮술이니 낮달도 떴겠구나
세상이 밝으니 내 속이 검겠구나

무단히 술 권해 놓고 그쳐버린 비가
어디쯤 가고 있는지 먼 하늘
다시 쳐다보다가
그럴만한 사정이 있으려니
너그러워지다가
잠시 마음 놓친다
빈 속 울렁인다

세상에나!
술 취하는 내가 대견해진다

입동

새가 되어 날아가지 못한 나무들이
계곡을 따라 모여 섰습니다
저어새의 긴 다리는 서어나무의 뿌리
동박새는 아직도 통 큰 도토리를 품고 있습니다
소나무는 평생의 천형을 벗고 갈색 부엉이가
되었습니다
물푸레나무는 실컷 물을 마시는
물총새가 되고 싶었습니다
새가 되지 못한 나무들이 계곡을 따라
모여 서서 마지막 안간힘을 쓰고 있습니다
푸른 잎맥이 숨을 거두기 전에
한번 더 날아보자 안간힘을 쓰고 있습니다
산 골골 나무들이 힘쓰는 소리가
새소리를 삼키고 바람을 일으켜보지만
기어이 잎은 떨어지고 있습니다
겨울이 오고 있습니다

해설

여울물에 혼자 물살치고 있는 바위

호병탁(시인·문학평론가)

1.

  시집에서 시인의 첫 발화는 "사라진 것들을 기억한다"(「시인의 말」)이다. 하나의 현상이 의식되기 위해서는 그것이 사라진 후에야 가능하다는 기억의 상기(想起)적 특성을 그대로 보여주는 말이다. 기억이란 그것과 관련된 경험이 완결되어 과거지사, 즉 '지나간 것'이란 상황에서 발생하는 것이며 이는 누구에게나 해당되는 일반적 논리다. 그래서 그런지 시인의 첫마디 말에는 '나'라는 주어가 생략되어 있다. 그러나 그는 이어 "그 기억이 나를 끌고 왔다"고 말한다. 순간 누구에게나 있을 수 있는 기억은 '그' 기억으로 한정되고 그것은 '나'를 끌고 온 각인된 기억으로 변모한다. 그것은 결국 "상처투성이의 몸이" 된 시인을 노암마을에 끌어들여 살게 하고 시를 쓰게 한 기억이 되는 것이다. 시인은 '여전히' 슬프다고 말한다. 그럼에도 중요한 것은 "흐르는 눈물을 참지 않고 울어버리는 것이 얼마나 인간적인지 알아버렸다"는 사실이다. 그 '인간적인 울음'이 언어화되어 이번 시집 전체의 행간에 곡진하게 발화되고 있다.

나는 평을 쓰기 전에 밑줄을 그어가며 작품을 반복하여 읽는다. 그런데 밑줄이 그어지지 않은 작품은 한 편도 없었다. 그만큼 앞, 뒤, 중간 아무 곳을 펼쳐 읽어도 56편의 시편들은 모두 수준 이상의 균질성을 확보하고 있었고 가독성 또한 높았다. 독서하는 동안 피재현이라는 한 이성적 존재는 나를 박탈하고 제 2의 나로 들어앉았다. 그는 자신의 심연을 열어젖히고 '인간적인 눈물'로 자신이 사고한 바를 내가 사고하게, 느낀 바를 내가 느끼게 하였다.

2.

무대 위를 가로질러 도약하는 무용수가 있다. 그 무용수는 과연 과거에서 뛰어나와 현재를 거쳐 미래로 뛰어가고 있는 것인가. 혹은 그 운동의 현재는 가장 최근의 순간의 더 작은 하나의 파편인가. 혹은 도약 전체가 현재시간에 속한다면 그 동작 이전의 어떤 부분부터 과거에 속하는 것인가.

우리에게 이런 시간에 대해 깊게 사유하게 하며 시집의 문을 여는 첫 작품을 보자.

> 꽃 진 자리에서 꽃을 기다리는 시간
> 슬픔이 아주 천천히 말라가는 시간
> 울컥! 할 수도 있겠으나 그냥 또
> 떨어진 꽃잎 세다보면 기어이는 잊을 수도 있을
> 허기가 슬픔을 이기는, 기차의 행선지가 궁금해지는
> 그런 순간은 언제나 슬픔이 끝난 시간에
> 조금은 아린 혀끝으로 오느니
> 꽃 진 자리에 돋아나는 초록의 할거에도
> 질기게 슬픔을 이긴 시간이 묻어 있으려니
> ―「꽃 진 자리에서 꽃을 기다리다」 전문

꽃이 떨어진 그 자리에 다시 꽃이 피는 시간은 한 해를 기다려야 하는 긴 시간이 될 것이다. 우리는 꽃이 바람에 흩뿌려지는 모습을 보며 허무를 느낀다. 그러나 꽃봉오리가 맺히고 꽃잎이 벌어져 만개하는 과정은 볼 수 없다. 담장을 기어오르는 담쟁이넝쿨의 열망과 욕구에 찬 공간상의 이동운동을 우리는 지각하지 못한다. 그러나 그것은 알맞은 의지대상을 찾아 더듬고, 헤매고, 손을 뻗쳐 마침내 버팀대를 잡고야만다. "꽃 진 자리에서 꽃을 기다리는 시간"은 담쟁이넝쿨이 버팀대를 잡는 것처럼 지루하고 길겠지만 결국 꽃 진 자리에 꽃은 다시 핀다.

그래서 시인은 꽃에서 향기가 나는 것을 "꽃이 피어서가 아니라/ 꽃이 지지 않으려고 안간힘을 쓰기/ 때문이다"(「상춘賞春 3」)라고 노래하는 것인가. 이런 안간힘에도 불구하고 꽃은 떨어져버리고 이듬해 봄까지 오랜 시간을 기다려야 한다.

시인은 이런 시간을 "슬픔이 아주 천천히 말라가는 시간"이라고 표현한다. 꽃 진 자리에는 초록의 이파리들이 '할거(割據)'한다. 잎사귀들은 맘껏 녹색의 생명을 자랑하다가 낙엽이 되어 떨어지고 그 자리에는 다시 진 꽃과 같은 꽃이 필 것이다. 이는 모든 생명들이 보여주는 아름답지만 슬픈 몸짓에 다름 아니다. 객체보존을 위한 생명의 부단한 욕구충족에의 갈망은 언제나 결핍이라는 슬픔을 수반하기 마련이다. 그러나 "꽃 진 자리에서 꽃을 기다리는 시간", 즉 결핍에서 충족을 향한 그 시간은 '슬픔이 말라가는 시간'이 될 것이고 "기어이는 잊을 수도 있을" 시간이 될 것이다. '생즉욕(生卽慾)'이다. 산다는 것은 욕망을 갖는 것이고 그 첫째가 식욕이다. 먹지 못하면 죽는다. 배고픈 것처럼 큰 고통은 없다. 현실적으로 "허기가 슬픔을 이기"게 된다. 그럴 때 우리는 생의 의미와 그 종착점은 과연 어떤 것인지 궁금해진다. 시인은 이를 "기차의 행선지가 궁금해지는 그런 순간"으로 은유하고 있다.

시인은 서서히 사라져가고 마침내 잊힐 수도 있는 '슬픔의 시간'을 인정하고 긍정한다. 그리하여 꽃 진 자리에 돋아나 나부끼는 초록의 잎사귀들에게도 "질기게 슬픔을 이긴 시간"이 담겨져 있음을 보게 되는 것이다.

위 작품은 길지도 난해하지도 않다. 그럼에도 행간에는 자연의 변화를 통한 세계이해의 깊은 통찰이 온축되어 있다. 무용수의 순간 도약을 고속 촬영한다면 스크린 위의 슬로모션은 물속에서 느리게 유영하는 것처럼 동작 하나하나를 자세히 볼 수 있다. 총알이 나무판자를 박살내며 관통하는 것도 볼 수 있다. 반대로 하루 단위로 매일 한 커트씩 촬영한다면 스크린 위의 움직임은 매우 빨라지고 꽃 진 자리에서 다시 꽃이 피는 "슬픔을 이긴 시간"의 전 과정을 볼 수도 있다. 그러나 우리는 언제나 '오늘' 산다. '어제' 사는 법도 없고 '내일' 사는 법도 없다. 앞서 말한 무용수의 도약도 공간을 이동하는 움직임의 '현재'일 뿐이다.

3.

 시인의 작품을 독서하며 나는 자주 그의 존재감이 여울물 한가운데서 물살에 역행하고 있는 바위처럼 느껴진다. 실제로 우리가 바위에 시선을 고정하면 그것은 흐르는 물을 거슬러 올라가고 있는 것처럼 보인다. 이는 그것이 부동으로 서 있더라도 세차게 아래로 흐르는 물살 때문에 일어나는 현상이다. 시인은 "피난 온 행색"이지만 작심하고 노암마을에 스며들어 세 해째를 살고 있다고 토로하고 있는데 이게 벌써 예사롭지 않다. 세상의 물살에 역행하고 있는 바위의 모습으로 보인다. 그는 지금 시골에서 "부스스한 머리를 하고 서 있는 나무를 의심하면서, 텃밭에 쪼그려 앉아 풀을 뽑으면서, 정원을 어슬렁거리는 길고양이를 보면서" 시를 쓰고 있다고 말한다. 단언컨대 그 모습은 흐르는 물 가운데 부동으로 서 있는 바위를 닮았다. 그래서 그런지 사물을 보는 그의 시선은 보통 세상의 눈과는 사뭇 다르다.

 뿌리는 나무다
 나무는 뿌리다
 최초의 씨앗이 움을 트고 한 줄기 가지가 땅을 뚫고 솟아나오면서부터 뿌리는 지구의 반대편으로 달리기 시작한다

작은 가지 하나에 뿌리 하나씩 자신이 피운 꽃을 보지도 못하면서 그저 먼 향기로 알아채면서

    느티나무는 느티의 뿌리를 가졌다 산뽕나무는 산뽕의 뿌리를 가졌다 참나무는 도토리의 뿌리를 가졌다

    나뭇가지가 허공의 자유를 향해 두 팔 뻗을 때 뿌리는 억압을 뚫고 생존을 쟁취한다 나뭇가지가 자유로운 새 한 마리를 품을 때 뿌리는 가문 땅의 물기를 빨아 연명한다

    나무 한 그루를 옮겨 심고 나는 오로지 뿌리를 위해 물을 주고 뿌리를 위해 거름을 준다 내 눈에는 오래도록 내가 캐낸 나무의 뿌리가 보인다

—「식목」 부분

나무는 잎이, 꽃이, 가지가, 열매가 있다. 물론 땅 속에 뿌리도 있다. 따라서 뿌리는 나무 자체가 아니라 나무의 일부다. 이것이 세인의 상식이다. 그러나 시인은 딱 부러지게 말한다. "뿌리는 나무"고 "나무는 뿌리"라고.

우리는 '흙에서 나왔다가 흙으로 돌아간다'는 말을 흔히 쓴다. 이 말은 흙, 즉 삶의 근원에서 나오는 것이 '사는 것'이고, 돌아가는 것이 '죽는 것'이라는 말이나 진배없다. 이 말은 지상에서 생명을 유지하는 모든 동식물에 똑같이 해당된다. 물론 인간도 마찬가지다. 『도덕경』 50장에 '출생입사(出生入死)'라는 말이 있다. 여기서 나온다(出)

는 말은 "최초의 씨앗이 움을 트고 한 줄기 가지가 땅을 뚫고" 머리를 내미는 것을 의미한다. 이 여린 "한 줄기 가지"는 점점 자라 수많은 가지가 되고 커다란 나무가 된다. 그게 '삶'이다. 그러다가 어느 때부터인지 쇠하기 시작하여 결국은 땅으로 들어간다(入). 그게 '죽음'이다. 여기까지가 우리가 삶의 과정으로 이해하는 출생입사의 의미가 될 것이다. 그런데 뿌리는 삶의 근원인 땅 속에서만 존재한다. 뿌리는 나오는 법도 들어가는 법도 없다. 그것은 언제나 흙에 뿌리박고 있다. 만약 뿌리가 지상으로 나오면 초목에 있어 그것은 곧 죽음이다. 꽃, 잎, 열매를 포함한 나무의 모든 것 자체는 뿌리의 힘에서 비롯된다. 따라서 "뿌리는 나무"고 "나무는 뿌리"라는 시인의 발화는 충분한 타당성을 확보한다.

우리는 "한 줄기 가지가 땅을 뚫고 솟아" 나올 때부터 내내 지상의 나무가 취하는 여러 형태를 본다. 나무의 잎을 보고, 꽃을 보고, 열매를 보게 된다. 그럴 수밖에 없는 것이 우리의 안력은 땅을 뚫을 수 없기 때문이다. 그럼에도 시인은 바로 그 "꽃을 피우기 위해 열매를 매달고 꿋꿋하게 서 있기 위해" 땅 속의 "음지를 지향"하는 '뿌리'를 강하게 인식하고 그것에 시선을 집중한다. 나무가 지상에 머리를 내미는 순간 "뿌리는 지구의 반대편으로 달리기 시작한다" 그것은 "자신이 피운 꽃을 보지도 못하"지만 "작은 가지 하나에 뿌리 하나씩" 만들어가며 땅 위의 나무처럼 땅 속에 또 한 그루의 나무를 생성해가는 것이다. 그리하여 각자의 나무들은 자신의 또 다른 존재와도 같은 뿌리를 땅 속에 가지게 된다. 즉 "느티나무는 느티의", "산뽕나무는 산뽕의", "참나무는 도토리의 뿌리를" 가지게 되는 것이다. 그런데 이 말은 아주 당연한 말로 들리지만 실상은 상당한 함의가 있다.

생명은 필연의 법칙에 따라 움직이는 물질계의 '내려가는' 힘을 거슬러 '올라가는' 어떤 힘이다. 물질계가 엔트로피의 법칙에 따라 질서 있는 것에서 무질서한 것으로 변화한다면 이는 생명과는 반대로 움직인다는 것을 의미한다. 생명은 아주 원시적 형태부터 자기 동일성을 유지하는 개체의 성격을 띤다. 그리고 그 형태가 복잡해져 갈수록 활동성과 자유, 즉 비결정성의 폭을 넓혀가는 흐름이 된다. 이 흐름은 개체에서 개체로 더욱 강한 힘으로 이어지는 연속성을 가진다. 그 결과 우리가 지금 보는 것처럼 "느티나무는 느티의 뿌리를", "산뽕나무는 산뽕의 뿌리를", "참나무는 도토리의 뿌리를" 가지고 생명을 영위하고 있다.

여기서 하나의 의문이 발생한다. 왜 시의 화자는 참나무는 '참나무의 뿌리'를 가졌다고 하지 않고 "도토리의 뿌리를 가졌다"고 말하고 있는가. 물론 틀린 말은 아니다. 그러나 선택의 여지는 여러 가지가 있다. 왜냐면 참나무 종류는

잎과 열매가 제일 작은 '졸참나무', 맛이 으뜸이라 임금님 수라상에 올렸다는 '상수리나무', 수피가 발달하여 굴피집 지붕을 올리는 '굴참나무', 잎이 큼지막해서 떡을 쌀 수 있는 '떡갈나무', 가을 늦게까지 잎을 달고 있는 '갈참나무', 짚신 바닥에 깔창으로 쓰인 '신갈나무' 등 여섯 가지나 있기 때문이다.

그렇다면 참나무는 졸참, 상수리, 굴참, 떡갈, 갈참, 신갈이란 여섯 가지 다른 이름의 뿌리를 가지고 있는 셈이다. '소나무는 솔의 뿌리'로 했다면 간단하고 명료했을 것을 왜 하필이면 여섯 종류나 되는 다른 뿌리를 가진 '참나무'를 시인은 작품에 견인하고 있을까.

우리나라에서 제일 흔한 참나무의 '참'이라는 접두어는 먹거리뿐 아니라 사람들에게 여러 유용한 용도를 제공하기 때문에 '진짜 좋은 나무'라는 의미에서 붙여졌을 것이다. 참나무 열매는 사람은 물론 동물에게도 먹거리가 된다. 더 중요한 이유가 있다. 여섯 종류의 참나무는 한결같이 '도토리'—그 모양이 구형·난형·타원형이 있고 크기도 다양하지만— 라는 열매를 달게 된다는 사실이다.(상수리는 도토리 모양이 상대적으로 둥글고 큰 것을 지칭하는 것에 불과하다.) 따라서 참나무과 열매를 총칭하여 도토리라 부른다면 참나무는 바로 도토리나무가 되고 그것은 "도토리의 뿌리를" 갖게 되는 것이다.

앞서 언급한 것처럼 생명은 물질계의 흐름과 반대방향으로 거슬러 올라간다. 우주의 모든 물질상태는 질서 있는 것에서 무질서한 것으로, 쓸모 있는 것에서 쓸모 없는 것으로 변해 간다. 그러나 생명은 동일성을 유지하며 다음 세대로 나아갈수록 환경에 적응하며 더욱 강한 개체로 진화한다. 참나무가 여섯 종의 변종이 된 것과 같은 이치다. 이런 비결정성을 통해 그것들은 더 많은 활동성과 자유를 획득한다. "나뭇가지가 허공의 자유를 향해 두 팔 뻗을 때" 이런 생명 현상은 극명하게 표출된다. 동시에 땅 속에서는 뿌리가 "억압을 뚫고 생존을 쟁취"하기 위해 끊임없이 물을 퍼 올리고 있는 것이다.

시의 마지막 부분에서야 화자는 얼굴을 내민다. 나무가 곧 뿌리라는 사실을 인지하는 그는 "나무 한 그루를 옮겨 심고" "오로지 뿌리를 위해 물을 주고 뿌리를 위해 거름을 준다" 나무를 옮겨 심어보지 못한 사람은 "뿌리가 어떻게 땅을 붙잡고 있는지" 알 수 없다.

4.

물질계의 필멸을 예고하는 것 같은 다소 우울한 법칙이긴 하지만 열역학 제2법칙인 '엔트로피 법칙'에서 우리가 벗어날 길은 없는 것 같다. 모든 새것은 결국 헌것이 된다. 쇠는 부식하고 녹슨 쇠는 영원히 원래의 쇠가 될 수 없다. 한번 타버린 석탄은 두 번 다시 타지 않는다. 그래서인지 시인은 생명의 아름다움을 노래하는 것이 아니라 결코 영원할 수 없는 유한 존재에 대한 아쉬움을 노래하는 것이라는 말도 있다. 나는 만물이 유한함으로부터 예외일 수는 없다는 엔트로피 법칙에 동의한다. 그러나 이런 이유로 시인이 생명의 아름다움을 노래하는 것이 아니라는 말에는 절대로 동의할 수 없다.

나는 시인이 여울물에 역행하고 있는 바위 같다고 말했다. 마찬가지로 생명 또한 물질계의 흐름과 반대방향으로 거슬러 올라가는 힘이라고 말했다. 규격화된 일상의 상투성에 빠져 살다보면 현실지각도 습관화·자동화되어 버린다. 그렇게 거의 무의식적으로 진행되는 삶은 없는 것이나 진배없다. 생명의 힘이 과학적 진리에 역행하듯 인간도 자동적인 흐름에 역행하는 일탈이 필요하다. 특히 시인은 세상의 일상적·지배적 가치와 질서에서 끊임없이 탈주하려는 사람으로 인식된다. 맞다. 그래야 제대로 된 시인이다, 역동적으로 거슬러 오르는 또 하나의 생명의 힘을 보자.

저 나무는 윗마을 외하리에 다녀온 것이
틀림없다

조부 손에 맡겨진 서울내기 같은
고 계집애 틀림없다
슬쩍 이는 바람에도 머리채 뒤집으며
흰 분냄새 풍기던 은사시나무랑
통정했던 게 틀림없다

얼굴이 노래지도록 마지막 두어 덩어리
악착같이 붙들고 있는 모과나무도
그렇게 금슬 좋던 자귀나무 솜이불이
홑이불이 되도록 말라가는 데도
눈 질끈 감고 뒤도 안 돌아보고
밤이슬을 맡고 다닌 저 놈 당단풍나무
저 봐라 저 봐라
저 혼자 혈색 홍홍한 거 좀 봐라
　　　　　─「여행에서 돌아와 나무를 의심하다」 부분

  이 시에서도 강력한 생명의 힘은 엔트로피 법칙을 비웃듯 "밤이슬을 맡고" 이웃마을 계집과 통정하고 다닌다. '생물의 집단'은 서로 교잡(交雜)할 수 있는, 즉 계통·품종·성질이 다른 암수가 교미할 수 있는 같은 종의 모임을 말한다. 이 집단은 서로 다른 것들과 자유롭게 교잡한다. 그래야 돌연변이가 없고 혹 있다 해도 새로운 종이 생기지는 않는다. 혈통을 지킨다고 왕족끼리만 혼인하다가는 유전병으로 큰일 난다. 일본 왕족에 키 큰 사람이 없는 것을 봐도 맞는 말이다.

화자가 "저 봐라 저 봐라" 가리키는 "혈색 홍홍한" 놈은 화자가 사는 마을의 "당단풍나무" 수컷이다. 이놈은 자기 동네에 모과나무가 "얼굴이 노래지도록 마지막 두어 덩어리" 붙잡고 있는데도, 자귀나무가 "솜이불이 홑이불이 되도록 말라가는 데도" "뒤도 안 돌아보고" 윗마을로 가서 그곳 계집과 바람을 피우는 놈이다.

언어를 부리는 시인의 솜씨가 대단하다. '단풍나무'의 얼굴 혈색은 당연히 붉을 것이다. 대조적으로 그 상대가 되는 윗마을 '은사시나무'는 이름대로 뽀얀 얼굴일 것이다. 그 계집은 "슬쩍 이는 바람에도 머리채 뒤집으며/ 흰 분냄새 풍기"는 계집이다. 더구나 서울내기다. 불그죽죽한 얼굴의 촌놈이 뽀얀 얼굴의 서울내기 계집에게 정신 나갈 것은 당연한 이치다. '바람에 머리채 뒤집는' 여자의 매력에 독자들의 염통도 뛸 정도니 말이다. 바로 이것이 강력한 생명의 힘이다. 화자가 단언하는 대로 '밤이슬 맡고 다니는 놈'이 자기 마을이 아닌 윗마을 여자. 시골여자가 아닌 서울여자와 통정을 했다면 —나도 단언하는 바— 이는 확실히 발전적인 생물학적 '교잡'이다.

5.

 지금까지 나는 의도적으로 작품들 안에서 시인의 어떤 철학적 통찰 내지 그 근사치를 형이상학적 관념과 묶어 이끌어 내려고 하지 않았는지 걱정이 된다. 막상 시인은 그런 말은 뻥긋도 하지 않았는데도 말이다. 괜히 짧은 서정시에서 철학적 사유를 찾아내어 시를 판단하려는 태도는 진정한 시 이해를 위한 정도(正道)가 아님을 알고 있다. 시에는 고유한 즐거움과 충족시켜야할 형태적 요건이 있기 때문이다. 그러나 나는 엘리엇의 "한 작품이 문학이냐 아니냐 하는 문제는 문학적 기준에 의해 판단될 수 있지만 한 작품이 그릇 큰 것이냐 아니냐 하는 문제는 문학적 기준만으로는 판단될 수 없다"라는 말로 나 자신을 위무한다. 이는 피재현의 작품이 문학적 기준을 충족시키고 있을 뿐 아니라 그 이상의 형이상학적 사유를 담고 있다는 말에 다름 아니다. 이제는 대책 없이 맑고 아름다운 서정시 한 편을 보자.

> 문경 가은에 가면
> 이십 년째 쉬고 있는 기찻길이 있다
> 날이 밝아도 느긋하게 뜬눈으로
> 누워서 발구락을 꼼지락거리다가
> 대야산 쪽으로부터 밤 동안

산에 내려와 잠들었던
구름들이 일어나 주섬주섬 옷을 입고
하늘로 돌아가면,
그제야 일어나 망초꽃을 가꾸고
호박덩이의 수를 세어 보는 기찻길
마을과 마을을 가르고
강물을 가로질러 달렸을 기차는
부모 품을 떠나는 장성한 아이들 따라
어디론가 떠나고 없고
콧구멍만 한 가은 역사(驛舍)에는 동네 사람들이
고추를 말리고 있다
언젠가 봉암사 스님들이 기차에서 내려
단체로 들었다는 짜장면 집도 없고
돼지고기를 빼고 짜장을 볶았다가
스님들 따가운 눈총을 받았다는 주방장은
촌로가 되어 졸고 있다
벌겋게 녹이 슨 기찻길은
가을볕이 사과에 색깔을 입히는 동안
양지를 찾아 온 암고양이를 끼고
또 한숨 낮잠에 드는 것이다

—「쉬고 있는 기찻길」 전문

이 시가 뿜어대는 매력은 우선 한 장의 예술사진 같은 인상적인 풍경의 깔끔한 서경에서 비롯된다. 오랫동안 기차가 다니지 않는 녹슨 철길이 보이고, 이제는 동네 사람들이 고추나 말리는 작은 역사가 맑고 투명한 가을볕에 졸고 있는 것이 선연하게 보인다. 작품은 연 가름 없이 행으로만 구성되고 있지만 "기찻길이 있다", "말리고 있다", "졸고 있다"와 같은 정확한 종지형의 병치로 구분되어 크게 네 개의 단락으로 나누어 볼 수 있다.

　첫째 단락은 문경 가은이라는 곳에 "이십 년째 쉬고 있는 기찻길"이 있다는 일반적인 지리적 정보를 제공하고 있다. 모르던 것을 안다는 것은 즐거운 일이지만 이 평범한 정보는 아직은 독자의 마음을 움직이는 어떠한 정서도 심미적 가치도 제공하지 않는다.

　그러나 둘째 단락에서 이어지는 기찻길과 역사 주변의 정경 묘사는 명징한 심상으로 우리의 정서를 격발하기 시작한다. 이곳의 구름은 밤 동안 대야산으로 내려와 잠을 자는데 날이 밝아도 "느긋하게" 게으름을 피우며 "누워서 발구락을 꼼지락거리다가" 주섬주섬 옷을 입고 하늘로 돌아간다. 여기서 '느긋하다', '꼼지락거리다', '주섬주섬 옷을 입다'와 같은 어휘들은 한유한 시골풍경과 함께 작품 주제의 징후를 강하게 보여주게 된다. 이처럼 반복되는 이미지는 세상에서 가장 느긋한 모습이라 말할 수 있는데 이는 그 기능을 잃은 철길과 역사와 맞물리며 정서의 상승효과를 극대화한다. 게으르고 한가하게 구름이 떠난 후에야 기찻길도 잠에서 일어난다. 그러나 녹슨 철길이 할 일이 무엇이 있겠는가. "망초꽃을 가꾸고 호박덩이의 수를 세어" 볼뿐이다. 기찻길 옆 망초는 누가 가꾸지 않아도 혼자 잘 자란다. 호박덩이도 세어보지 않아도 그 숫자 그대로 둥글며 익어간다. 역설이 고개를 든다. 기찻길은 '하지 않아도 될 일'을 하고 있는 것이다.

손님 없는 역사는 또 무슨 역할을 하겠는가. '콧구멍'만 하다는 것이 옛날에도 작은 역사였던 모양이다. 동네 사람들이 고추나 말리는 곳이 되고 말았다. "마을과 마을을 가르고" 달리던 기차는 이제 아이들이 커서 고향을 떠나듯 어디론가 떠나고 없다. 가을의 고요만이 역사에 머무르고 있다.

셋째 단락에서 시인은 하나의 사건적 서사를 도입함으로 자칫 풍경묘사로만 이어질 뻔한 작품에 팽팽한 시적 긴장을 만든다. "언젠가 봉암사 스님들이 단체로" 기차를 타고와 짜장면 집에 들른 일이 있다. 그때 주방장은 스님들이 '당연히' 육식을 하지 않는 것으로 알고 "돼지고기를 빼고" 짜장을 볶아내었다. 평소대로 짜장면을 만들었다면 좋았을 것이다. 그러나 모처럼 스님들이 돼지고기 맛을 볼 기회를 뺏은 주방장은 당연한 일을 한 줄 알았지만 절대로 당연하지 못한 일을 한 것이 되었고 당연히 스님들의 "따가운 눈총을 받"게 된다. 주방장 역시 '하지 않아도 될 일'을 하고 만 것이다. 또다시 강한 역설이 발생한다.

그 짜장면집도 없어졌다. 이제 "주방장은 촌로가 되어 졸고 있다" 여기서 우리는 첫째 단락의 "부모 품을 떠나는 장성한 아이들"을 상기할 필요가 있다. 짜장면집도 사라졌고 아이들도, 기차도 "어디론가 떠나"버렸다. "장성한 아이들"의 부모들은 늙었다. 주방장도 '촌로'가 되었다. 그리고 늙은 그들만이 녹슨 철길처럼 마을에 남아있는 것이다. 이 단락은 사건적 서사의 긴장이 있고, 웃음을 배어 물게 하는 역설이 있는가하면, 가벼운 터치지만 통증을 느끼게 하는 페이소스가 있다.

마지막 단락에서는 다시 적요(寂寥)한 기찻길의 풍경묘사가 계속된다. '가을볕'은 "사과에 색깔을 입히"고 있다. 그러는 동안 "양지를 찾아" 어슬렁거리며 기찻길을 찾아온 고양이 한 마리가 있었던 모양이다. 이제 기찻길은 아예 그 고양이를 끼고 "또" 한숨 낮잠에 들고 있다. 여기서 어떤 일을 거듭할 때 쓰는 "또"라는 부사어는 이 단락의 의미에 결정적 역할을 한다. 이는 철길이 고양이가 오기 전에도 낮잠을 자고 있었다는 말이다. '가을볕' 아래에서 촌로가 졸고, 철길과 고양이가 낮잠 한숨 자고 있다. 그들이 내뿜는 숨소리의 미세한 파장까지 느껴지는 것 같다. 그러는 동안 그 가을볕은 사과에 붉은 색칠을 입히고 있다. 얼마나 아름답고 명징한 가을의 서정인가.

6.

 나는 시인과 일면식도 없다. 그러나 나는 이제 작품을 통해 그가 어렸을 때 살던 곳이 '안동군 일직면 운산리'였고, 외가는 '금릉군 감문면 월곡리'였다는 사실을 안다. 윗마을 이름이 '외하리'라는 것도 안다. 인정 많은 부모님과 손위 누이들과 함께 살았다는 것도 안다. 지금 시인의 큰애 나이가 스물다섯이라는 것도, 심지어 선지도 멍게도 못 먹던 시인의 부인이 지금은 간, 허파도 숭숭 썰어먹는다는 것까지 알고 있다. 문학의 주요 관심사가 인간이라고 할 때 시인의 개인사와 작품의 상호조명은 언제나 상호보완적인 중층구조의 관계에 있다.

 시인은 안동에서 태어났고 지금도 그곳 노암마을에서 살고 있다. 그는 직접 풀을 뽑고, 길고양이를 반기고, 나무들의 외도를 보며 시를 쓰고 있다. 그가 체험하는 삶의 주위는 도회와는 다른 자연 그대로의 대상물로 에워싸여 있다. 그리하여 다음과 같은 절창이 나올 수 있다.

눈 밝은 사금파리는/ 달빛에서도 빛이 나는가 봐요/ 새가 떨어트린 눈물처럼 빛나다가/ 서둘러 눈가를 훔치네요(「병산에서 1」)

그의 예리한 언어의 촉수에 걸린 대상물이 얼마나 감각적으로 반짝이고 있는가. 도회에 사는 사람은 '달빛에 눈물처럼 빛나는 사금파리'는 죽어도 볼 수 없고 생각도 할 수 없다. 도회의 거리나 공원에는 사금파리가 아예 눈에 띄지도 않기 때문이다. 그의 시에는 시적 진실이 담겨있다. '가은'의 녹슨 기찻길도, 근방의 '대야산'도, '봉암사'도 현존하는 장소다. 달 떠오르는 '병산'도 마찬가지다. 독자들은 의외로 시적 진실에 대한 기대가 끈질기다. 소박한 심정이겠지만 사실과의 불일치는 진실에 대한 반칙이라고 거부반응을 일으키는 것이다.

나는 시적 화자가 시인 본인이라는 걸 확신한다. 시인은 "가난한 식사를 마치면" "뒤란 감나무 아래 웅크리고" 앉아 하늘을 보며 '담배'를 피는 사람이다.(「담배」) 또한 그는 비 오시는 날, "무단히 술 권"하는 '비'에 마다않고 받아 마시고 '낮술'에 취하기도 하는 사람이다.(「낮술」) 적절한 예가 될지 모르겠지만 나도 시인·화가들과 어울려 낮술에 비틀대고 줄담배를 빨아대는 자칭 '고상한 야만인'이다. 「담배」나 「낮술」이 즐거움을 주는 것은 바로 이런 야만인들이 익히 알고 있는 경험적 '사실'을 재확인하게 하고 서로 공유하게 만들기 때문이다.

언어를 매체로 하는 시에 있어 짙은 정서로 충전된 '경험의 교환'은 결정적이다. 이는 가르침도 아니고 추상적 사고도 아니다. 우리는 시의 진술이 구체적인 심상을 통해 싱싱한 진실성 —경험적 사실과의 일치— 을 구현할 때 커다란 공감을 느낀다. 시인이 안동의 노암마을에서 쓰는 시편들이 바로 이에 해당된다.

시인은 지금도 '여전히' 슬프다고 시인의 말에서 진솔하게 토로한 바 있다. 그래서인지 인간적으로 "흐르는 눈물을 참지 않고 울어"버리고 싶고 그런 시간이 있었으면 한다. 그는 "하여간 좀 덜 부끄러운 시간에", "하여간 좀 덜 부끄러운 곳에"서 매일 "의무적으로" "한 십 분쯤" 울고 싶다. 그러고 나면 "이 땅에서 어른으로 사는 게/ 좀 덜 부끄러워"질 것 같다.(「우는 시간」) 이 땅에서 어른으로 사는 게 왜 부끄러운 일인지 분석하려면 이제껏 쓴 만큼 이상의 지면이 다시 필요할 것이다. '하여간' 울고 싶으면 우는 게 약이다. 그 시간이 정오나 오후 두 시쯤이 아니면 어떠하고 그 장소가 화장실 뒤나 다리 밑이 아니면 또 어떠하랴. 낮술에 취해 낮달을 보며 울면 어떠하고 감나무 아래에서 담배를 피다가 울면 또 어떠하랴. 인간적인 눈물이 스며 있는 명편들이 계속 생산될 것임을 믿고 또 기원한다.

7.

「장지葬地에서」와 「제일祭日」같은 절창을 다루지 못해 아쉽다. 그러나 이 글 초입에서 말한 대로 시인이 사고한 바를 사고하고, 느낀 바를 느끼는 독서의 즐거움은 독자의 몫으로 남겨두기로 하자.

나도 여울물에 혼자 물살치고 있는 바위처럼 물을 거슬러 올라가는 글을 쓰고 있는 건 아닌지 모르겠다.

애 지 시 선

002	붉디 붉은 호랑이	장석주 시집
003	붉은 사하라	김수우 시집
004	자전거 도둑	신현정 시집
005	정비공장 장미꽃	엄재국 시집
006	기차를 놓치다	손세실리아 시집
007	바람의 목례	김수열 시집
008	그리운 연어	박이화 시집
009	뜨거운 발	함순례 시집
010	정오의 순례	이기철 시집
011	그 남자의 손	정낙추 시집
012	즐거운 세탁	박영희 시집
013	구룡포로 간다	권선희 시집
014	좋은 날에 우는 사람	조재도 시집
015	여수의 잠	김열 시집
016	축제	김해자 시집
017	뜻밖에	박제영 시집
018	꽃들이 딸꾹	신정민 시집
019	안개부족	박미라 시집
020	아배 생각	안상학 시집
021	검은 꽃밭	윤은경 시집
022	숲에 들다	박두규 시집
023	물가죽 북	문신 시집
024	마늘 촛불	복효근 시집
025	어처구니 사랑	조동례 시집
026	소주 한 잔	차승호 시집
027	기찬 날	표성배 시집
028	물집	정군칠 시집
029	간절한 문장	서영식 시집
030	고장 난 아침	박남희 시집
031	하루만 더	고증식 시집
032	몸꽃	이종암 시집
033	허공에 지은 집	권정우 시집
034	수작	김나영 시집
035	나는 열 개의 눈동자를 가졌다	손병걸 시집
036	별을 의심하다	오인태 시집